两侧的边缘

"相互矛盾的对话"

贾马尼·布朗

致力于诗歌;现实中的情感自由

介绍

人们通常只关注一个人在说什么，而不是分析说和未说的话背后的真正含义和力量。"你'说'你很好"

"You 'said' it was okay" 这些短语经常被请求者重复。"我不想解释自己""我应该想做"，这些短语被善良的接受者没有说出来。如果我隐藏了真相，这并不完全是你的错，老实说，它不是让你找到的。我希望其他读到这些文字的人明白，每个人都是有限的。他们不应该写出来或公然告诉你，人类太不完美了。注意你表达了多少依赖性，你缺乏多少独立性。我敢肯定，那些没有说出来的话，你很快就会开始理解。

"恐惧

失望"

对失望的恐惧通常表现为一种感觉与另一种感觉相呼
应，并导致自卑感

自卑，失望带来的更糟糕的感觉。

失望会带来挥之不去的遗憾和厌恶的情绪

基于未完成行为的失败而对自己的厌恶

努力;我认为这是一个人格，毕竟你越努力，你失败的
可能性就越小

失败不是一种选择

不可能

失败会带来失望，那些期望我达到他们为我设定的某
个标准的人;但丝毫不顾及我的力量有多大

"我为你感到骄傲"，这是唯一让我们完全屈服于幸
福的话语

对失望的恐惧

一场令人反感的噩梦，只有当他们创造的依赖循环打
破时，它才会结束

我需要休息一下

我无法处理您的依赖项

我想孤立地逃跑

为什么你看不出我有多累

为什么我总是被寄予厚望

我能做到

您还需要什么

我现在就去做

我没有其他事情要做

如果你需要什么，就告诉我

努力;取悦人们。

一个可以揭开针织毛衣面纱的"不"

这就是我的经历对我的意义

我 20 岁了，那些让我头昏沉沉的话语现在感觉更沉重
了

懒惰;赞赏。

一个大到足以填满大峡谷的"是"

我创造的生活的新矛盾修饰法

孤立;蔑视。

重新找到自己的 "希望"

歌词大意： 我从中看到和平

承担一次责任

你不会明白我的理由

我的身体正在放弃我

我再也无法让我的头脑集中注意

力了，我好生气

是我的错

我不知道我为什么这样做

我只是累了

我最近一直不关心它

对不起

你应该感到自豪

我只是为了你

你怎么觉得我快乐

我知道我很失望

没什么特别的

这是我的选择

我希望我很高兴这样

做

我让你感到骄傲

"付出超过你的极限所允许的东西需要一定的力量"

"做不到的人，对别人的要求更高"

厌恶

愤怒

自卑

无法

悲伤

"自我 绝望"

自我绝望

可怕的效果

一种无法逃避的感觉，让头脑感到恐惧

由说和未说的话语和想法创造的幻觉

心中绝望

创造一个只受人生活中的消极和不确定性约束的开

放监狱

光？

不。

光明引领新的开始和希望它让曾经受伤的情绪和欲

望有了不同的意义被接受

黑暗？

是的。

黑暗现在带来安慰

我不能离开

还没有

在我开始成长之前，我需要更多的时间

我希望我能向某人倾诉

好的为什么会离开

孤独是我唯一的联系吗

我怎么可能足够

我不喜欢过度分享

我还没有找到任何可以和我一起看到自己的人

心理联系对我来说更重要 他们在寻找更多的

东西

爱自己很难

我有什么了不起的

变化总是让我孤单

为什么我的生命永远不够用

为什么智慧是有代价的

每个人都应该练习自爱

我很感激我这个人

经历改变是件好事

成长是人生中重要的事情

智慧带来更好的机会

美丽和满足，只有看到它的人才能接受

美在社会中被视为一种观点或感受，就像满足感一样

拥有所有人都能拥有但仅限于能够"感觉"它的人的东

西的乐趣

美丽与满足，一首被失败和标准所困扰的甜美悲悯旋律

只有另一个人会真正看到一个人的美丽和满足

即使是那些认为两个这样的事情已经超越他们的人，但我

现在明白了

美丽和满足：只有接受和相信它的人才会认为合理的事

情

"来自外人或你所爱之人的接受永远不会等同于

你能给自己的真正接受"

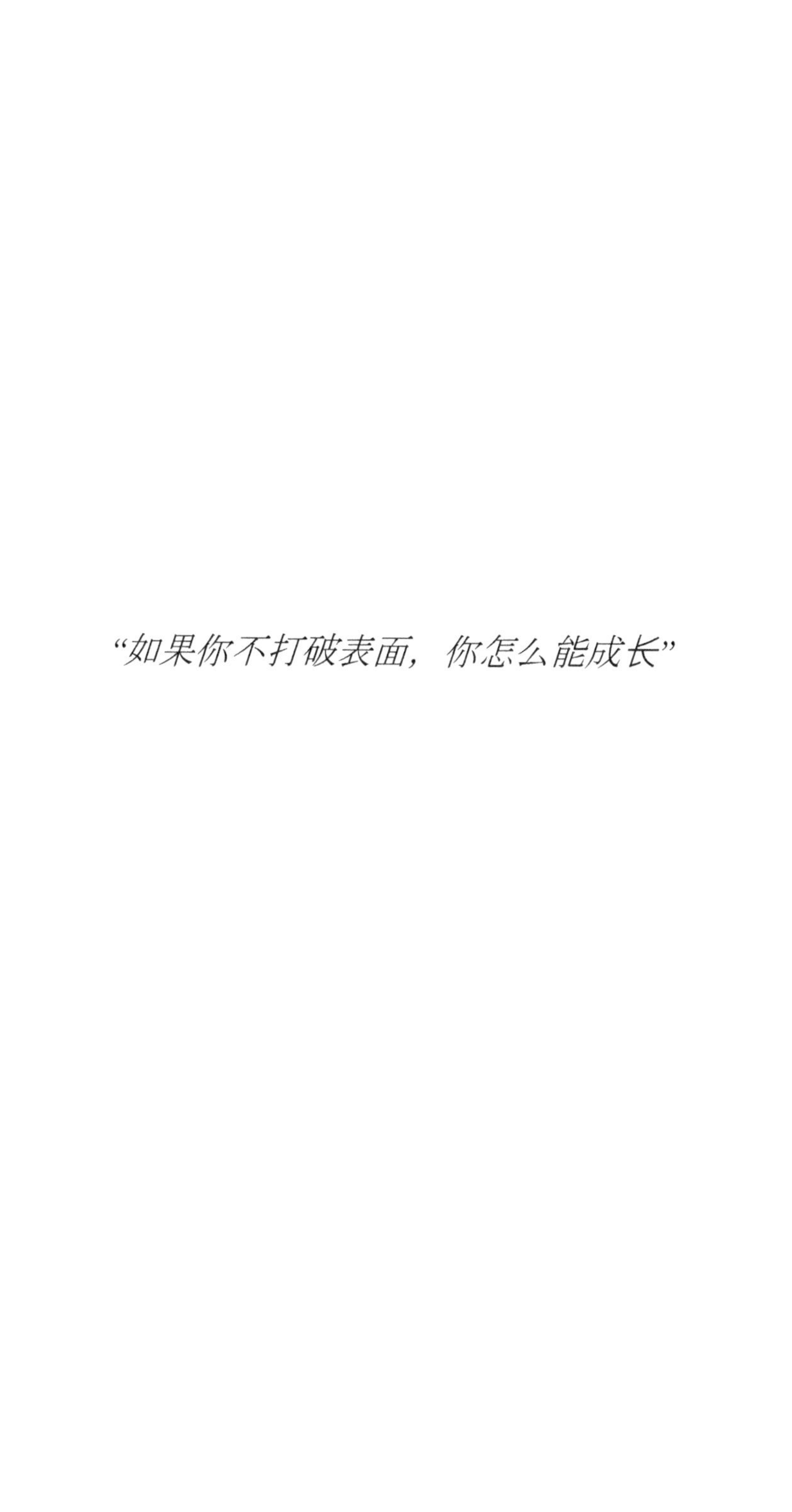

“如果你不打破表面，你怎么能成长”

自我憎恨

愤怒

自卑

不可爱

"未来的对话"

一个人如何回答"你的生活对你来说是什么样子"而不感到轻蔑和遗憾的情绪

我想我应该说快乐和与我所关心的人在一起;或者也许渴望金钱和名声

对我来说，生活就是孤立;轻蔑，当然还有遗憾

我不认为我想要的生活是一种悲伤，这是我以前从未渴望过的;感恩是真正的唯一词

我终于改变了未来的我，去体验事物的发生

把以前的自己留在我的记忆中，就像似曾相识一样

深浅不一的绿色，一种与我的存在有关的颜色

翡翠绿与我的根或灵魂相连，你可以称之为它，一种

黑暗与光明的美丽，两者都不会掩盖彼此

这就是我选择用来象征我生活的颜色

变化是我的思想本身不断经历的事情，知识和观点的增

长只能随着时间的推移而来

但是绿色的阴影，它可以像一棵盛开的树一样明亮

，但又像一片阴郁的森林一样黑暗

我一直走在两种生命的阴影上：毕竟，这是一条从

我过去创造的道路

对我来说，向前迈进就是把所有过去的遗憾、愤怒和伤害带入下一步，解锁一个改变和精致的自我

直到那时，我才意识到时间是多么静止

我把自己独自埋葬在一种被创造的自怜中

20 岁，对过去有着清晰的回忆，认为它可以让我永远活下去，这是一种奇怪的舒适感

我的意思是，如果从来没有感觉到时间，我怎么会变老

我想我改变和精致的未来自我终于迎来了一种新的感觉：时间本身

2022 年，我认为这一年将成为重要的里程碑

谁会知道我会找回我的快乐

谁能想到我会再次开始写诗

谁能想到我会打破这个人的壳
我随着时间的推移而创建

2022 年，我找到了童年的自己

谁能知道噩梦并没有那么可怕，睡眠也不再折磨我

我开始真正享受我在生活中能够创造的东西

10 岁时，我以为我永远不会有"甜蜜的十六岁"

我从来没有想过学习如何开车，也从来没有想过成年
后我能过的生活

直到我 20 岁时，我才意识到这一点

我从来没有想过我的未来

我想这就是为什么我所做的就是放弃现在

我重新向自己介绍了写诗、弹钢琴和读书的热情

快乐地独自一人在我的房间里，我的脑海中又浮现
出无数的想法和可能性
塑造更清晰的未来

成长

接受

改变

幸福

可爱

'被迫 出发

被迫离开我们所依附的人

未来的时刻，我们投降，以找到新的繁荣方式

快乐源于一把双刃刀，只有受伤的人才能感受到

迎接痛苦的先决条件，以安定距离的悄然现实

对伤害有自我意识，但将其强行带入你脑海

的潜意识

压倒性的罪恶感

离开从未感受过双刃刀的持有者

沾沾自喜，他们认为双方都可以呼吸

你为什么不为我而战

没有你，我就无法成长

我希望我能恨你

是时候把你从我的未来抹去了

请回到我身边

这样更好

我们不能一起成长

我会永远爱你

歌词大意：我想这是

再见了 是时候走了

不。不要哭

这不值得

为什么我的身体不听我的话

为什么我会有这种情绪

是的。哭

您应得的

我正在释放自己

为什么这种感觉如此易碎

我认为是时候了

我又失去了自己的一部分

我讨厌这种感觉

快乐怎能不让你参与

为什么我只能感受到没有你的快乐

我认为是时候了

你改变了我

我认为这是为了更好

也许我们的道路太不同了我们都

需要时间来成长

我想你了
我从不希望我们的友谊结束
不过，我更像是你的脚步
在一起的岁月没有一次告别就结束了

怎么样
时间怎么会背叛我，变得如此自满
我认为时间是一个成长的朋友
我忘记了时间只是达到目的的手段

"桥梁不是要永远持续下去的;随着时间的推移，

它们将需要重建"

“离开比试图在

黑暗”

成长

接受

改变

'被统治由命运

命运
比命运更伟大的抱负
最强大的对手
一场永远不可能的充满希望的胜
利

选择
毫无意义的发生
那永远无法改变命运
不同未来的机会

未来
预先编写的路径
我的整个生命都被刻进了硬盘里
假装认为这只是命运

“冲突由命运

命运
一个可控的"命运" 一
个自我渴望的旅程 一
个被记录的未来

决定
经过深思熟虑的选择
一条走出已结束路径的方法

现在
衡量更伟大生命的程度
永远改变的结局
认为它可能注定要创造未来

'迷失了 回忆

我现在只能一瞥我的过去

我什么时候忘记了自己

我怎么能忘记自己

我希望我可以说是我身边的人

但是我什么时候开始欺骗自己

和别人在一起怎么会让我觉得我又回到了自己的房间里

这两件事的感觉已经发生了变化

独自一人在我的房间里是一种安全的舒适，我的行动和思想有更多的自由

每一种绝望的感觉和对结局的渴望都会消退

我减轻了别人期望的重量

起初我并没有意识到，但随着时间的推移，我曾经对它的感情只有我的心态才能战胜

我不记得我上一次做梦是什么时候了

我想那是在我还是个孩子的时候

梦想就像糖果

如此容易被盗

梦想对那些无法想象的人来说非常有价值

其实我觉得，当我长大后，梦想真的被

现实所困扰

 如此容易改变

"爸爸"

说这个词对我来说感觉很不自然

为什么说出一个背后空虚的词

"妈妈"

说出这个词对我来说感觉很安全

我为什么不说出一个背后有爱的话

"姐姐"

说出这个词给我带来安慰

说出一句话，源于已建立的联系和开放性

诗人

作家

作者

我过去的记忆努力征服的未来图像

"你永远不知道一刻的价值，直到它

成为回忆"

矛盾

担心

差异

'结局倒影

这并不总是关于接受事物，而是重新定义它

在适合您生活的不同定义下

所有美好的回忆，无论好坏，都在你的生活中占有一席之地，它们作为碎片保存着，无能为力，无法完全控制引导你未来的整体性

重新评估过去的关系以防止将来再次发生

将过去的每一次经历都视为第三人称，在你的脑海中创建一个双重 U，就好像它是一个角色一样，并分析你在其中的角色。想象自己是恶棍和英雄，只有这样你才能理解别人对它的看法

从记忆中散乱的想法，这些想法在我为自己设想的
新生活中不应该再发挥作用，
我强迫自己永远忘不掉的情绪，内心与变化的无限
斗争，带来令人讨厌的快乐的习惯

诗歌是我唯一可以通过情感来表达的形式，我可以在不源于愤怒的情况下释放它。一种充实的悲伤，我在其中得到了安慰